CONSTRUINDO UMA BASE SÓLIDA

Transformando sua Vida Financeira

José Ruiz Watzeck

Watzeck Home Studius Digital

Direitos autorais © 2023 José Ruiz Watzeck

Todos os direitos reservados

Os personagens e eventos retratados neste livro são fictícios. Qualquer semelhança com pessoas reais, vivas ou falecidas, é coincidência e não é intencional por parte do autor.

Nenhuma parte deste livro pode ser reproduzida ou armazenada em um sistema de recuperação, ou transmitida de qualquer forma ou por qualquer meio, eletrônico, mecânico, fotocópia, gravação ou outro, sem a permissão expressa por escrito da editora.

Design da capa por: WATZECK HOME STUDIUS DIGITAL

JOSÉ RUIZ WATZECK

ATENÇÃO

ESTE LIVRO NÃO TEM COMO OBJETIVO, FAZER QUALQUER TIPO DE RECOMENDAÇÃO DE COMPRAS OU VENDAS DE NENHUM ATIVO FINANCEIRO.

O CERNER DESTA OBRA, É APENAS TRANSMITIR UMA VISÃO PESSOAL SOBRE A EDUCAÇÃO FINANCEIRA, DE UMA FORMA SIMPLES, CLARA E EDUCATIVA.

FICA EXPRESSAMENTE DECLARADO, QUE O AUTOR NÃO FAZ ALUSÃO A COMPRA E/OU VENDA DE ATIVOS FINANCEIROS DE QUALQUER NATUREZA E QUE NÃO FOI CITADO NESTE, O NOME DE NENHUMA EMPRESA, BANCOS, FINANCEIRAS, HOLDING E ETC.

ESTA É UMA OBRA MERAMENTE EDUCATIVA.

ÍNDICE

Página do título
Direitos autorais
Prefácio — 2
Capítulo 1: Fundamentos da Reserva Financeira — 5
Capítulo 2: Estratégias de Poupança para Todos os Orçamentos — 7
Capítulo 3: Investindo no Futuro: Planejamento de Aposentadoria — 10
Capítulo 4: Construindo uma Mentalidade de Longo Prazo — 13
Capítulo 5: Estratégias para Aumentar a Renda — 16
Capítulo 6: Gerenciamento de Dívidas Inteligente — 19
Capítulo 7: Automatização e Organização Financeira — 22
Capítulo 8: Explorando Oportunidades de Investimento Acessíveis — 25
Capítulo 9: Lidando com Imprevistos Financeiros — 28
Capítulo 10: Construindo uma Base Financeira Sólida — 31
Capitulo 11: Fundos imobiliários (FII's) — 33
Capitulo 12: Fiagros — 35
Capitulo 13: Mercado de ações — 37

PREFÁCIO

Bem-vindo(a) a este livro transformador sobre finanças pessoais e a busca pela liberdade financeira. Neste mundo agitado e muitas vezes incerto, onde as preocupações com o dinheiro são constantes, é essencial buscar conhecimento e orientação para encontrar estabilidade e tranquilidade em nossa vida financeira.

Imagine uma vida em que você não seja mais escravo das dívidas, não se preocupe com contas a pagar e possa desfrutar de liberdade para tomar decisões financeiras com confiança. Imagine poder dar suporte à sua família, investir em seus sonhos e garantir um futuro seguro para você e seus entes queridos. Isso não é apenas um sonho distante, mas algo que está ao seu alcance.

Este livro tem como objetivo ajudá-lo(a) a trilhar esse caminho rumo à liberdade financeira. Elaborado para pessoas comuns, independentemente de sua renda atual, que desejam transformar sua vida financeira e alcançar uma segurança duradoura. Aqui, você encontrará estratégias práticas e orientações passo a passo para mudar sua mentalidade, adquirir hábitos saudáveis de poupar criando uma base financeira sólida.

Ao longo deste livro, exploraremos diversos temas, desde a construção de uma reserva financeira até o investimento para o futuro, passando pela gestão de dívidas, aumento de renda e planejamento de aposentadoria. Cada capítulo fornecerá conhecimentos valiosos, dicas práticas e exemplos reais que o ajudarão a entender melhor as complexidades do mundo financeiro e a tomar decisões mais informadas.

No entanto, lembre-se de que o sucesso financeiro não acontece da noite para o dia. Requer dedicação, paciência e perseverança. É um processo de aprendizado contínuo, cheio de desafios e obstáculos, mas, com determinação e a aplicação correta das estratégias sugeridas neste livro, você estará capacitado(a) para enfrentar esses desafios e conquistar a liberdade financeira que tanto almeja.

Lembre-se de que a busca pela liberdade financeira vai além de meros números. É sobre criar uma vida equilibrada, definir prioridades, cultivar uma mentalidade de longo prazo e construir relacionamentos saudáveis com o dinheiro. É sobre encontrar um equilíbrio entre o presente e o futuro, aproveitando o hoje enquanto prepara-se para o amanhã.

Esteja preparado(a) para desafiar antigas crenças e comportamentos em relação ao dinheiro. Este livro lhe dará as ferramentas necessárias para criar uma mudança duradoura em sua vida financeira. Esteja aberto(a) para explorar novas ideias, adotar novos hábitos e agir de forma consistente em direção aos seus objetivos.

À medida que embarcamos nesta jornada juntos, lembre-se de que você é capaz de transformar sua vida financeira. Com conhecimento, comprometimento e determinação, você pode alcançar a estabilidade financeira, construir um futuro próspero e desfrutar da verdadeira liberdade, e estar no controle de suas finanças. Este livro é um guia prático que o(a) ajudará a adquirir as habilidades necessárias para administrar seu dinheiro de forma inteligente, tomar decisões fundamentadas e alcançar a independência financeira que você merece.

À medida que mergulhamos nas páginas seguintes, lembre-se de que cada pessoa tem uma jornada financeira única. O que funciona para uma pessoa pode não funcionar da mesma maneira para outra. Portanto, esteja aberto(a) a adaptar as estratégias apresentadas de acordo com suas circunstâncias pessoais. Não se trata de uma fórmula mágica, mas sim de um conjunto de princípios e práticas que podem ser aplicados e ajustados para se adequarem às suas necessidades individuais.

Convido você a embarcar nesta jornada de descoberta, aprendizado e transformação financeira. Prepare-se para desafiar suas crenças limitantes, expandir seus conhecimentos e abraçar uma mentalidade de abundância. Lembre-se de que a mudança começa com pequenos passos, e cada decisão financeira consciente que você tomar o(a) aproximará um pouco mais de seus objetivos.

Estou animado(a) por ter a oportunidade de compartilhar essas informações com você. Este livro foi escrito com o intuito de capacitar você a tomar as rédeas de sua vida financeira e criar um futuro próspero para si mesmo(a) e para sua família. Ao aplicar as estratégias aqui apresentadas, tenho plena confiança de que você estará no caminho para uma vida financeira saudável, cheia de possibilidades e realizações.

Agora, respire fundo, abra sua mente e embarque nesta jornada transformadora rumo à liberdade financeira. Estou aqui para guiá-lo(a) a cada passo do caminho. Vamos começar!

Desejo-lhe uma leitura inspiradora e uma jornada financeira repleta de sucesso.

Atenciosamente,
José Ruiz Watzeck

CAPÍTULO 1: FUNDAMENTOS DA RESERVA FINANCEIRA

Bem-vindo ao seu guia para a construção de uma reserva financeira sólida e alcançar uma saúde financeira tranquila. Neste capítulo, iremos explorar os fundamentos da reserva financeira e por que ela é essencial para alcançar seus objetivos financeiros de curto e longo prazo.

A Importância da Reserva Financeira:

Uma reserva financeira é uma quantia de dinheiro separada para lidar com despesas inesperadas, emergências ou para atingir objetivos financeiros específicos. Ela serve como uma rede de segurança financeira, proporcionando estabilidade e tranquilidade em momentos de incerteza.

1. Proteção contra Emergências:

Ter uma reserva financeira adequada é fundamental para lidar com emergências, como despesas médicas inesperadas, reparos emergenciais em casa ou perda de emprego. Esses eventos imprevistos podem causar estresse financeiro significativo, mas com uma reserva financeira, você terá uma fonte de fundos para enfrentá-los sem recorrer a dívidas ou se desestabilizar financeiramente.

2. Flexibilidade e Liberdade Financeira:

Uma reserva financeira oferece flexibilidade e liberdade para tomar decisões financeiras conscientes. Com uma reserva adequada, você pode aproveitar oportunidades, como investimentos promissores ou mudanças de carreira, sem comprometer sua estabilidade financeira.

Estabelecendo sua Reserva Financeira:
Agora que você compreende a importância de uma reserva

financeira, é hora de começar a construí-la. Aqui estão algumas etapas para ajudá-lo a estabelecer sua reserva financeira:

1. Defina Metas Realistas:

Comece definindo metas realistas para sua reserva financeira. Determine a quantia que você gostaria de ter como objetivo, levando em consideração suas despesas mensais, responsabilidades familiares e qualquer objetivo financeiro específico que você queira alcançar.

2. Analise suas Despesas:

Revise suas despesas mensais e identifique áreas em que você pode reduzir gastos ou eliminar despesas desnecessárias. Ao fazer ajustes em seu estilo de vida, você poderá direcionar mais recursos para sua reserva financeira.

3. Estabeleça um Plano de Economia:

Crie um plano de economia detalhado que determine quanto você pode economizar a cada mês e estabeleça um prazo realista para atingir sua meta de reserva financeira. Automatize suas economias, transferindo uma quantia fixa para sua reserva assim que receber seu salário.

4. Construa Gradualmente:

Construir uma reserva financeira sólida leva tempo e disciplina. Comece com uma meta inicial alcançável e trabalhe gradualmente para aumentá-la ao longo do tempo. Lembre-se de que cada pequena economia contribui para o crescimento de sua reserva.

5. Priorize sua Reserva Financeira:

Coloque sua reserva financeira como uma prioridade. Reserve-a antes de gastar com outras despesas. Trate sua reserva financeira como uma conta obrigatória, assim como o pagamento de contas mensais.

CAPÍTULO 2: ESTRATÉGIAS DE POUPANÇA PARA TODOS OS ORÇAMENTOS

A construção de uma reserva financeira sólida começa com o hábito de poupar regularmente. Neste capítulo, vamos explorar estratégias práticas de poupança que se adequam a todos os orçamentos. Independentemente do quanto você ganhe, é possível adotar medidas efetivas para economizar dinheiro e construir sua reserva financeira.

1. Estabeleça um Orçamento Realista:

Um orçamento é a base para uma gestão financeira saudável. Comece acompanhando suas despesas e receitas mensais para entender para onde seu dinheiro está indo. Identifique áreas em que você pode reduzir gastos ou eliminar despesas desnecessárias. Ao estabelecer um orçamento realista, você terá uma visão clara de suas finanças e poderá determinar quanto dinheiro pode destinar à poupança.

2. Pratique a Regra do Pagamento a Si Mesmo Primeiro:

Ao receber seu salário, adote o hábito de pagar a si mesmo primeiro. Imediatamente reserve uma porcentagem do seu salário para sua reserva financeira, antes de pagar outras contas ou gastar com outras despesas. Essa abordagem garante que você priorize sua poupança e evita a tentação de gastar todo o seu dinheiro.

3. Corte Despesas Desnecessárias:

Identifique despesas que não são essenciais em sua vida diária e encontre maneiras de reduzi-las ou eliminá-las completamente. Pode ser algo simples como cortar a assinatura de um serviço de streaming que você raramente utiliza ou diminuir a frequência de refeições em restaurantes. Pequenas economias acumulam-se ao longo do tempo e contribuem para a construção de sua reserva financeira.

4. Negocie e Pesquise Preços:

Ao fazer compras, pesquise e compare preços para garantir que você esteja obtendo o melhor negócio. Negocie sempre que possível, especialmente em grandes compras. Muitas vezes, fornecedores estão dispostos a oferecer descontos ou condições de pagamento mais favoráveis se você solicitar.

5. Automatize suas Economias:

Configure transferências automáticas para uma conta separada designada para sua reserva financeira. Ao automatizar suas economias, você remove a tentação de gastar esse dinheiro e garante que sua poupança seja consistente e regular.

6. Desafios de Poupar:

Experimente desafios de poupar, como economizar uma quantia fixa por semana ou cortar uma despesa específica por um período determinado. Esses desafios podem ser divertidos e motivadores, tornando o hábito de poupar uma experiência gratificante.

7. Economize em Compras do Dia a Dia:

Pequenas mudanças nos hábitos de consumo podem gerar economias significativas ao longo do tempo. Procure maneiras de economizar nas compras do dia a dia, como fazer uma lista de compras e evitando compras impulsivas, usar cupons de desconto ou comprar produtos em promoção.

8. Reavalie seus Contratos e Assinaturas:

Analise os contratos e assinaturas que você possui, como serviços de TV a cabo, internet, academia ou aplicativos de streaming. Considere se todos esses serviços são realmente necessários ou se você pode reduzir o número de assinaturas para economizar dinheiro mensalmente.

9. Aproveite Vantagens e Descontos:

Esteja atento a programas de fidelidade, descontos e ofertas especiais em lojas, supermercados e restaurantes. Aproveite cupons, cartões de desconto ou programas de recompensas para economizar em suas compras regulares.

10. Planeje Refeições em Casa:

Comer fora pode ser caro. Planeje refeições em casa e leve almoço para o trabalho. Comprar alimentos frescos e preparar suas refeições pode ser uma maneira eficaz de economizar dinheiro, além de ser uma opção mais saudável.

11. Compartilhe Custos:

Considere compartilhar despesas com amigos ou familiares, como dividir o aluguel de uma casa ou apartamento, compartilhar assinaturas de serviços ou realizar compras em conjunto para aproveitar descontos por atacado.

12. Aprenda a Dizer "Não":

Uma das estratégias mais importantes para economizar dinheiro é aprender a dizer "não" a gastos desnecessários. Avalie suas compras antes de realizá-las e pergunte a si mesmo se são realmente essenciais para sua vida ou se você pode encontrar alternativas mais econômicas.

CAPÍTULO 3: INVESTINDO NO FUTURO: PLANEJAMENTO DE APOSENTADORIA

O planejamento de aposentadoria é fundamental para garantir uma vida confortável e financeiramente, estável após parar de trabalhar. Neste capítulo, exploraremos a importância do planejamento de aposentadoria, independentemente da sua idade ou nível de renda. Vamos discutir diferentes fontes de investimentos e estratégias para construir um fundo de aposentadoria sólido.

1. A Importância do Planejamento de Aposentadoria:

Muitas vezes, as pessoas subestimam a importância do planejamento de aposentadoria e adiam tomar medidas para garantir sua segurança financeira futura. No entanto, começar cedo e ter uma estratégia sólida de investimento pode fazer uma grande diferença no seu futuro financeiro.

2. Avalie Suas Necessidades de Aposentadoria:

Antes de começar a investir, é importante avaliar suas necessidades e desejos para a aposentadoria. Considere fatores como estilo de vida, despesas médicas, viagens e atividades de lazer. Quanto mais cedo você identificar suas metas de aposentadoria, mais tempo terá para planejar e economizar adequadamente.

3. Conheça os tipos de Investimentos para a sua aposentadoria:

No Brasil, existem diversas opções de investimento para aposentadoria. Algumas das modalidades de mais comuns incluem:

  - **Previdência Privada**: Planos de previdência oferecidos por instituições financeiras, que permitem que você contribua regularmente para sua aposentadoria. Eles podem ter vantagens fiscais e diferentes perfis de investimento.

- **Fundos de Pensão**: São fundos oferecidos por empresas ou entidades de classe, nos quais você pode contribuir mensalmente para sua aposentadoria. Esses fundos são administrados por uma equipe especializada e oferecem diferentes modalidades de investimento.

- **Tesouro Direto**: É um programa do governo federal que permite a compra de títulos públicos, como o Tesouro Selic, Tesouro IPCA e Tesouro Prefixado. Esses títulos podem ser utilizados como uma opção de investimento para aposentadoria.

- **Fundos de Investimento**: São fundos que reúnem o dinheiro de vários investidores para investir em uma carteira diversificada de ativos, como ações, títulos públicos e privados, e imóveis. Procure por fundos que tenham foco em longo prazo e que se adequem ao seu perfil de investidor.

4. Estabeleça Metas de Poupança:

Com base nas suas necessidades de aposentadoria e nos veículos de investimento disponíveis, estabeleça metas de poupança realistas. Determine quanto dinheiro você precisará para atingir suas metas e dívida esse valor em metas de economia anual ou mensal. Acompanhe seu progresso regularmente e faça ajustes conforme necessário.

5. Aproveite Benefícios Fiscais:

No Brasil, existem benefícios fiscais para incentivar o planejamento de aposentadoria. Um exemplo é o Plano Gerador de Benefício Livre (PGBL), que permite que você deduza até 12% da sua renda tributável anual na declaração de Imposto de Renda. Essa dedução pode reduzir sua base de cálculo do imposto devido, gerando economia fiscal.

6. Diversifique seus Investimentos:

Assim como em qualquer estratégia de investimento, a diversificação é fundamental para reduzir riscos e maximizar retornos. Distribua seus investimentos em diferentes classes de ativos, como ações, títulos, fundos imobiliários e até mesmo investimentos no exterior, para criar uma carteira equilibrada. Essa diversificação ajudará a proteger seu patrimônio de flutuações do mercado e aumentar suas chances de crescimento a longo prazo.

7. Consulte um Especialista Financeiro:

Se você não se sente confortável gerenciando seus próprios investimentos ou tem dúvidas sobre as melhores estratégias de aposentadoria, é recomendável consultar um especialista financeiro. Um profissional capacitado poderá avaliar sua situação financeira, ajudar a criar um plano de investimento adequado ao seu perfil e fornecer orientações personalizadas para alcançar suas metas de aposentadoria.

8. Revise seu Plano de Aposentadoria Regularmente:

O planejamento de aposentadoria não é uma tarefa única. É importante revisar e atualizar regularmente seu plano de investimento e suas metas de poupança. À medida que sua situação financeira e objetivos mudam, faça os ajustes necessários para garantir que você esteja no caminho certo para alcançar uma aposentadoria financeiramente tranquila.

CAPÍTULO 4: CONSTRUINDO UMA MENTALIDADE DE LONGO PRAZO

Uma mentalidade de longo prazo é essencial para alcançar uma saúde financeira estável e duradoura. Neste capítulo, discutiremos a importância de desenvolver uma mentalidade voltada para o futuro e para o planejamento financeiro a longo prazo. Exploraremos estratégias para superar obstáculos mentais, estabelecer metas realistas e cultivar hábitos financeiros positivos que irão beneficiar você e sua família ao longo dos anos.

1. Compreendendo a Mentalidade de Longo Prazo:

Uma mentalidade de longo prazo envolve a capacidade de adiar gratificações imediatas em prol de benefícios futuros. É entender que as escolhas financeiras que fazemos hoje têm um impacto significativo em nosso futuro financeiro. Ao abraçar essa mentalidade, podemos tomar decisões mais conscientes e consistentes para construir um futuro financeiramente estável.

2. Identificando Obstáculos Mentais:

Existem alguns obstáculos mentais comuns que podem nos impedir de adotar uma mentalidade de longo prazo. Entre eles estão a tendência de querer gratificação instantânea, a falta de paciência para esperar pelos resultados financeiros e a influência das pressões sociais e do consumismo. Reconhecer esses obstáculos é o primeiro passo para superá-los e construir uma mentalidade voltada para o futuro.

3. Estabelecendo Metas de Longo Prazo:

Definir metas financeiras de longo prazo é fundamental para orientar suas decisões e ações. Pense em onde você deseja estar financeiramente daqui a 5, 10 ou 20 anos. Essas metas podem incluir aposentadoria confortável, educação dos filhos, compra de uma casa ou viagens ao redor do mundo. Estabelecer metas claras e específicas é o ponto de partida para construir uma mentalidade de longo prazo.

4. Criando um Plano Financeiro:

Um plano financeiro é uma ferramenta essencial para transformar suas metas em realidade. Analise sua situação atual, incluindo receitas, despesas e dívidas, e identifique áreas onde é possível economizar e investir a longo prazo. Estabeleça um orçamento realista que permita economizar regularmente e acompanhe seu progresso ao longo do tempo.

5. Cultivando Hábitos Financeiros Saudáveis:

A construção de uma mentalidade de longo prazo requer o desenvolvimento de hábitos financeiros saudáveis. Isso inclui evitar dívidas desnecessárias, priorizar a poupança e investimentos, praticar a disciplina financeira e buscar conhecimento sobre educação financeira. Pequenas ações consistentes ao longo do tempo podem fazer uma grande diferença na conquista de uma estabilidade financeira duradoura.

6. Buscando Educação Financeira:

A educação financeira é fundamental para desenvolver uma mentalidade de longo prazo. Procure ler livros, participar de cursos e buscar recursos confiáveis que o ajudem a entender os princípios básicos de investimento, gestão financeira e planejamento para o futuro. Quanto mais conhecimento financeiro você adquirir, mais confiança terá para tomar decisões informadas e construir uma mentalidade sólida de longo prazo.

7. Mantendo o Foco e a Resiliência:

Construir uma mentalidade de longo prazo requer compromisso e perseverança. É importante manter o foco em suas metas financeiras, mesmo diante de desafios e contratempos. Esteja preparado para lidar com imprevistos financeiros e faça ajustes no seu plano, se necessário. A resiliência é essencial para superar obstáculos e continuar avançando em direção ao seu futuro financeiro.

8. Celebrando as Conquistas:

Ao longo do caminho, lembre-se de celebrar suas conquistas financeiras. Reconheça e valorize os progressos que você alcançou ao seguir sua mentalidade de longo prazo. Essa gratificação ajudará a manter sua motivação e incentivá-lo a continuar trabalhando em direção às suas metas financeiras.

CAPÍTULO 5: ESTRATÉGIAS PARA AUMENTAR A RENDA

Além de economizar e investir, aumentar a sua renda é uma estratégia poderosa para alcançar estabilidade financeira e atingir suas metas financeiras. Neste capítulo, exploraremos diversas estratégias para aumentar sua renda, desde aproveitar oportunidades existentes até explorar novas fontes de renda. Vamos analisar opções que se adequam a diferentes habilidades, interesses e níveis de disponibilidade de tempo.

1. Desenvolva Habilidades Valorizadas:

Investir no desenvolvimento de habilidades específicas pode abrir portas para oportunidades de trabalho que pagam melhor. Avalie suas habilidades e interesses e identifique áreas nas quais você possa se aprimorar. Isso pode envolver a obtenção de certificações, a realização de cursos ou a busca de mentoria em áreas promissoras do mercado de trabalho.

2. Aproveite Oportunidades de Trabalho Adicional:

Existem várias maneiras de aproveitar oportunidades de trabalho adicional para aumentar sua renda. Considere trabalhos freelancer, trabalhos temporários, trabalhos em tempo parcial ou projetos independentes. Isso pode incluir áreas como redação, design gráfico, tradução, consultoria, aulas particulares, serviços de pet sitting, entre outros. Utilize plataformas online e redes sociais para encontrar essas oportunidades.

3. Monetize seus Talentos e Hobbies:

Identifique talentos e hobbies que possam ser monetizados. Se você tem habilidades artísticas, pode vender suas criações ou oferecer serviços de design personalizado. Se é bom em cozinhar, considere vender alimentos ou fornecer serviços de catering.

Explore o mercado para descobrir como seus talentos e hobbies podem se transformar em fontes de renda adicionais.

4. Crie um Negócio Próprio:

Se você tem espírito empreendedor, considerar iniciar seu próprio negócio pode ser uma opção gratificante. Identifique um nicho de mercado com demanda e desenvolva um plano de negócios sólido. Comece com pouco investimento, utilize a internet para divulgação e construa gradualmente sua empresa. Lembre-se de pesquisar sobre regulamentações e obrigações legais para iniciar um negócio no Brasil.

5. Invista em Imóveis:

Investir em imóveis pode ser uma estratégia lucrativa para aumentar sua renda a longo prazo. Considere a compra de um imóvel para aluguel ou o investimento em fundos imobiliários. Realize uma análise cuidadosa dos custos e potencial de retorno antes de tomar qualquer decisão. O mercado imobiliário pode ter suas flutuações, então esteja preparado para investir a longo prazo.

6. Aproveite as Oportunidades Online:

O ambiente digital oferece uma variedade de oportunidades para ganhar dinheiro extra. Você pode criar um blog e monetizá-lo por meio de publicidade ou marketing de afiliados. Também é possível se tornar um influenciador digital e obter parcerias com marcas. Outras opções incluem criar um canal no YouTube, vender produtos online ou prestar serviços como freelancer em plataformas digitais.

7. Network e Colaborações:

Construa uma rede sólida de contatos e esteja aberto a colaborações e parcerias que possam impulsionar sua renda. Participar de eventos relacionados ao seu campo de atuação, conferências e encontros profissionais pode ser uma excelente maneira de conhecer pessoas que possam oferecer oportunidades de trabalho ou colaborações interessantes. Mantenha-se ativo nas redes sociais, participe de grupos e fóruns relevantes e esteja disposto a compartilhar conhecimentos e experiências.

8. Invista em Educação Financeira:

Aumentar sua renda também requer conhecimento financeiro sólido. Busque recursos, cursos e livros sobre investimentos, empreendedorismo, negócios e gestão financeira. Quanto mais você entender sobre finanças pessoais e estratégias de investimento, mais capaz estará de tomar decisões inteligentes e aproveitar as oportunidades que surgirem.

CAPÍTULO 6: GERENCIAMENTO DE DÍVIDAS INTELIGENTE

O gerenciamento eficaz das dívidas é essencial para uma saúde financeira sólida. Neste capítulo, abordaremos estratégias para lidar com dívidas de forma inteligente, evitando armadilhas financeiras e trabalhando em direção à liberdade financeira. Exploraremos maneiras de reduzir dívidas existentes, evitar novas dívidas desnecessárias e criar um plano de pagamento que se ajuste às suas metas financeiras.

1. Avalie suas Dívidas:

O primeiro passo para um gerenciamento eficaz das dívidas é entender sua situação atual. Faça uma lista de todas as suas dívidas, incluindo o saldo pendente, a taxa de juros, os prazos e as condições. Isso ajudará a ter uma visão clara do quadro geral e identificar quais dívidas requerem atenção imediata.

2. Priorize as Dívidas de Alta Taxa de Juros:

Dívidas com altas taxas de juros podem se tornar um fardo financeiro significativo. Priorize o pagamento dessas dívidas primeiro, pois elas acumulam juros rapidamente. Considere opções como refinanciamento ou consolidação de dívidas para obter taxas de juros mais favoráveis e reduzir o custo total da dívida.

3. Crie um Plano de Pagamento:

Desenvolva um plano de pagamento realista e estruturado para lidar com suas dívidas. Determine a quantia que você pode alocar mensalmente para pagamentos e distribua-a entre suas dívidas, priorizando as de maior taxa de juros. Considere utilizar estratégias como o método da bola de neve (pagando as dívidas menores primeiro) ou o método da avalanche (pagando as dívidas de maior taxa de juros primeiro).

4. Renegocie Termos e Taxas:

Entre em contato com seus credores para negociar termos e taxas mais favoráveis. Muitas vezes, os credores estão dispostos a trabalhar com você para encontrar soluções, como redução de taxas de juros, planos de pagamento ajustados ou até mesmo acordos de liquidação. Esteja preparado para apresentar sua situação financeira atual e explique seus esforços para quitar as dívidas.

5. Evite Novas Dívidas:

Enquanto trabalha para pagar suas dívidas existentes, é importante evitar contrair novas dívidas desnecessárias. Avalie suas necessidades e prioridades antes de fazer uma compra parcelada ou solicitar um novo empréstimo. Adote uma abordagem consciente em relação aos gastos e busque alternativas, como economizar para fazer uma compra à vista ou considerar opções mais acessíveis.

6. Busque Suporte Profissional:

Se você está enfrentando dificuldades significativas para gerenciar suas dívidas, pode ser útil buscar orientação profissional. Consulte um consultor financeiro, especialista em crédito ou planejador financeiro para obter conselhos personalizados e estratégias de gerenciamento de dívidas. Eles podem ajudá-lo a desenvolver um plano de ação específico para sua situação financeira, oferecer insights sobre opções de refinanciamento ou negociação com credores e fornecer orientações para melhorar sua saúde financeira a longo prazo.

7. Aprenda com seus Erros:

O gerenciamento de dívidas é uma oportunidade de aprendizado. Reflita sobre as circunstâncias que levaram ao acúmulo de dívidas e identifique os padrões ou comportamentos financeiros que podem ser melhorados. Aprenda com seus erros passados e adote hábitos financeiros mais saudáveis, como estabelecer um orçamento, evitar gastos impulsivos e construir uma reserva de emergência.

8. Mantenha-se Motivado e Persistente:
Pagar dívidas pode ser um processo desafiador, mas mantenha-se motivado e persistente em seu caminho para a liberdade financeira. Celebre as pequenas vitórias ao atingir metas de pagamento, acompanhe seu progresso regularmente e visualize o futuro livre de dívidas como uma fonte de motivação. Lembre-se de que o gerenciamento de dívidas inteligente é um passo fundamental para alcançar estabilidade financeira a longo prazo.

CAPÍTULO 7: AUTOMATIZAÇÃO E ORGANIZAÇÃO FINANCEIRA

Uma organização financeira eficiente é essencial para manter o controle sobre suas finanças e alcançar seus objetivos. Neste capítulo, discutiremos a importância da automatização e organização financeira para simplificar o gerenciamento de dinheiro, evitar atrasos e garantir que suas finanças estejam em ordem. Exploraremos estratégias para automatizar pagamentos, criar um sistema de orçamento e acompanhar suas transações financeiras.

1. Automatize seus Pagamentos:

Automatizar seus pagamentos é uma maneira eficaz de evitar atrasos e multas desnecessárias. Configure pagamentos automáticos para contas recorrentes, como aluguel, hipoteca, serviços públicos e seguros. Você também pode agendar pagamentos automáticos para empréstimos, cartões de crédito e outras dívidas. Certifique-se de ter saldo suficiente em sua conta para cobrir esses pagamentos e verifique regularmente para garantir que tudo esteja ocorrendo conforme o esperado.

2. Crie um Sistema de Orçamento:

Um orçamento bem elaborado é fundamental para organizar suas finanças. Analise suas receitas e despesas e estabeleça metas realistas para diferentes categorias de gastos, como moradia, transporte, alimentação e lazer. Utilize aplicativos financeiros ou planilhas para acompanhar suas despesas, identificar áreas em que você pode economizar e manter-se dentro do seu orçamento.

3. Acompanhe suas Transações Financeiras:

Mantenha um registro atualizado de suas transações financeiras para ter uma visão clara de seus gastos e receitas. Isso pode ser feito por meio de aplicativos financeiros, serviços bancários online ou até mesmo por meio de uma planilha simples. Registre todas as transações, desde pequenas compras até pagamentos maiores. Isso ajudará você a identificar padrões de gastos e tomar decisões informadas sobre sua situação financeira.

4. Utilize Ferramentas de Gestão Financeira:

Existem várias ferramentas e aplicativos disponíveis para ajudar no gerenciamento financeiro. Alguns oferecem recursos de rastreamento de despesas, categorização automática, lembretes de pagamento e análise de padrões de gastos. Explore diferentes opções e escolha a que melhor se adapte às suas necessidades e preferências.

5. Organize Documentos Financeiros:

Mantenha seus documentos financeiros organizados e facilmente acessíveis. Isso inclui extratos bancários, faturas, recibos e documentos fiscais. Digitalize e armazene documentos importantes em formato eletrônico para facilitar o acesso e garantir que você tenha uma cópia de backup. Organize-os por categorias e mantenha uma rotina de atualização e arquivamento regular.

6. Planeje Antecipadamente:

Tenha uma mentalidade proativa em relação às suas finanças. Planeje antecipadamente para despesas futuras, como impostos, seguros, anuidades e eventos especiais. Reserve uma quantia regularmente para essas despesas em seu orçamento mensal e acompanhe os prazos para evitar surpresas financeiras desagradáveis.

7. Revise Regularmente suas Finanças:

Agende momentos regulares para revisar suas finanças e fazer ajustes, se necessário. Reserve tempo a cada mês para analisar seu orçamento, verificar seu progresso em relação às metas financeiras e identificar áreas em que você pode melhorar. Faça ajustes conforme necessário para garantir que suas finanças estejam alinhadas com seus objetivos e prioridades.

8. Reduza a Desordem Financeira:
Elimine a desordem financeira em sua vida. Livre-se de cartões de crédito não utilizados, feche contas bancárias desnecessárias e organize seus registros financeiros digitais e físicos. Simplificar sua situação financeira ajudará a reduzir o estresse e permitirá que você se concentre em metas financeiras mais importantes.

9. Proteja suas Informações Financeiras:

Mantenha suas informações financeiras seguras e protegidas. Use senhas fortes para suas contas online e evite compartilhar informações confidenciais por meio de canais inseguros. Fique atento a possíveis fraudes e mantenha-se informado sobre as melhores práticas de segurança cibernética para evitar problemas financeiros indesejados.

A automatização e a organização financeira são elementos-chave para uma gestão eficaz do dinheiro. Ao automatizar pagamentos, criar um sistema de orçamento, acompanhar transações, utilizar ferramentas financeiras, organizar documentos e planejar antecipadamente, você poderá manter suas finanças sob controle e tomar decisões informadas. Revise regularmente suas finanças e reduza a desordem financeira para simplificar sua vida financeira. Lembre-se de proteger suas informações financeiras e estar atento à segurança cibernética.

CAPÍTULO 8: EXPLORANDO OPORTUNIDADES DE INVESTIMENTO ACESSÍVEIS

Investir é uma maneira eficaz de fazer seu dinheiro crescer ao longo do tempo e construir riqueza. Neste capítulo, abordaremos oportunidades de investimento acessíveis que estão disponíveis para pessoas com diferentes níveis de renda. Exploraremos opções de investimento de baixo custo, estratégias de diversificação e o poder do investimento regular. Vamos descobrir como iniciar sua jornada de investimento, mesmo com um orçamento limitado.

1. Estabeleça Objetivos de Investimento:

Antes de começar a investir, defina seus objetivos financeiros claros. Determine se você está investindo para a aposentadoria, para a compra de uma casa, para a educação dos filhos ou para qualquer outro objetivo específico. Estabelecer metas claras ajudará a direcionar suas decisões de investimento.

2. Conheça seu Perfil de Risco:

Entenda seu perfil de risco e tolerância a perdas. Isso ajudará a determinar a alocação de ativos mais adequada para sua carteira de investimentos. Considere fatores como idade, prazo de investimento, metas financeiras e sua capacidade de lidar com flutuações de curto prazo nos mercados financeiros.

3. Invista Regularmente:

Comece a investir regularmente, mesmo que seja uma quantia pequena. A disciplina de investir regularmente ao longo do tempo, conhecida como investimento periódico, permite que você aproveite a média do custo de aquisição e reduza o impacto das oscilações do mercado. Automatize seus investimentos, estabelecendo contribuições mensais para um plano de investimento ou programa de compra de ações.

4. Explore Investimentos de Baixo Custo:

Existem várias opções de investimento de baixo custo disponíveis, como fundos de índice, ETFs (Exchange Traded Funds) e fundos mútuos com taxas de administração baixas. Esses veículos de investimento permitem que você diversifique sua carteira com exposição a uma ampla variedade de ativos sem custos exorbitantes.

5. Diversifique sua Carteira:

A diversificação é fundamental para reduzir o risco e maximizar o potencial de retorno. Ao diversificar sua carteira, você distribui seus investimentos em diferentes classes de ativos, setores e regiões geográficas. Isso ajuda a equilibrar o impacto de possíveis flutuações de mercado e protege seu portfólio contra riscos específicos.

6. Aproveite as Contas de Aposentadoria e Incentivos Fiscais:

Aproveite as contas de aposentadoria, como o Plano de Previdência Privada (PGBL) e o Fundo de Investimento em Cotas de Fundos de Investimento em Direitos Creditórios (FIDC), que oferecem benefícios fiscais. Essas contas podem fornecer vantagens tributárias significativas, ajudando você a economizar dinheiro para a aposentadoria e aumentar seu patrimônio a longo prazo.

7. Eduque-se sobre Investimentos:

Invista em sua própria educação financeira. Leia livros, participe de cursos online, assista a webinars e converse com profissionais do setor financeiro para ampliar seu conhecimento sobre investimentos. Quanto mais você entender os diferentes tipos de investimentos, estratégias de alocação de ativos e os princípios básicos do mercado financeiro, mais preparado estará para tomar decisões informadas e aproveitar as oportunidades de investimento.

8. Consulte um Profissional Financeiro:

Considere consultar um profissional financeiro, como um consultor de investimentos ou um planejador financeiro certificado, especialmente se você não tem experiência prévia em investimentos. Um profissional pode ajudá-lo a avaliar suas metas financeiras, identificar as melhores opções de investimento de acordo com suas necessidades e orientá-lo em relação às decisões de investimento.

9. Acompanhe e Reavalie seus Investimentos:

Mantenha-se atualizado sobre o desempenho de seus investimentos e faça ajustes quando necessário. Revise regularmente sua carteira de investimentos, verifique se está alinhada com seus objetivos financeiros e faça as alterações necessárias para manter uma alocação adequada de ativos.

10. Paciência e Disciplina:

Lembre-se de que o investimento é um empreendimento de longo prazo. Mantenha a paciência e a disciplina durante períodos de volatilidade do mercado. Evite tomar decisões emocionais baseadas em flutuações de curto prazo e mantenha o foco em seus objetivos financeiros de longo prazo.

Explorar oportunidades de investimento acessíveis é uma forma de construir riqueza ao longo do tempo, independentemente do seu orçamento inicial. Ao estabelecer objetivos claros, conhecer seu perfil de risco, investir regularmente, diversificar sua carteira e aproveitar opções de baixo custo, você pode dar os primeiros passos na jornada de investimento. Eduque-se sobre investimentos, consulte profissionais financeiros quando necessário e seja paciente e disciplinado em relação ao crescimento do seu patrimônio.

CAPÍTULO 9: LIDANDO COM IMPREVISTOS FINANCEIROS

Imprevistos financeiros podem ocorrer a qualquer momento e ter um impacto significativo em suas finanças. Neste capítulo, abordaremos estratégias para lidar com esses imprevistos e proteger sua estabilidade financeira. Discutiremos a importância de um fundo de emergência, o papel do seguro, como enfrentar dívidas inesperadas e como se recuperar de situações financeiras adversas.

1. Construa um Fundo de Emergência:

Um fundo de emergência é uma reserva de dinheiro destinada a cobrir despesas inesperadas, como perda de emprego, despesas médicas ou reparos urgentes. Economize regularmente uma porcentagem de sua renda para construir esse fundo e tenha como objetivo acumular o suficiente para cobrir de três a seis meses de despesas essenciais. Isso fornecerá uma rede de segurança financeira quando surgirem imprevistos.

2. Tenha um Plano de Seguro Adequado:

O seguro desempenha um papel fundamental na proteção de suas finanças contra imprevistos. Avalie suas necessidades de seguro, como seguro de vida, seguro de saúde, seguro de automóvel e seguro residencial. Verifique se você possui cobertura adequada e atualizada para proteger seus ativos e sua saúde financeira em caso de eventos inesperados.

3. Enfrente Dívidas Inesperadas de Forma Estratégica:

Se você se encontrar em dívidas inesperadas, como contas médicas elevadas ou reparos urgentes, aborde-as de maneira estratégica. Negocie com credores para estabelecer planos de pagamento acessíveis e explore opções de consolidação de dívidas, se necessário. Evite recorrer a empréstimos de alta taxa de juros ou cartões de crédito para cobrir dívidas inesperadas, a menos que seja absolutamente necessário.

4. Reavalie seu Orçamento Financeiro:

Após um imprevisto financeiro, é importante reavaliar seu orçamento para se ajustar às novas circunstâncias. Identifique áreas em que você possa reduzir despesas temporariamente ou realocar recursos financeiros para lidar com a situação imprevista. Seja flexível e esteja disposto a fazer ajustes para se adaptar às mudanças financeiras.

5. Procure Assistência Financeira, se Necessário:

Se você estiver enfrentando dificuldades financeiras significativas, não hesite em procurar assistência profissional. Organizações sem fins lucrativos, consultores financeiros e serviços de aconselhamento de crédito podem oferecer orientação e recursos para ajudá-lo a superar momentos financeiramente desafiadores.

6. Aprenda com a Experiência:

Use os imprevistos financeiros como uma oportunidade de aprendizado. Avalie a situação, identifique o que deu errado e desenvolva estratégias para evitar problemas semelhantes no futuro. Aprenda com seus erros e use essa experiência para fortalecer suas habilidades financeiras e melhorar sua resiliência financeira.

7. Mantenha uma Mentalidade Positiva:

Enfrentar imprevistos financeiros pode ser estressante e desafiador, mas é importante manter uma mentalidade positiva. Lembre-se de que os imprevistos são parte da vida e que você tem a capacidade de superá-los. Concentre-se em soluções, seja resiliente e mantenha-se motivado para seguir em frente. Ao enfrentar os desafios de frente e com uma atitude positiva, você estará mais preparado para lidar com imprevistos financeiros futuros.

8. Ajuste seu Plano Financeiro:

Após passar por um imprevisto financeiro, é recomendável ajustar seu plano financeiro para refletir as mudanças e as lições aprendidas. Revise suas metas financeiras, faça ajustes no orçamento, reavalie suas estratégias de investimento e faça as alterações necessárias para se adaptar à nova realidade financeira. Um plano financeiro flexível e adaptável é essencial para lidar com imprevistos e garantir sua estabilidade financeira a longo prazo.

9. Mantenha-se Preparado:

Embora não seja possível prever todos os imprevistos financeiros que possam surgir, estar preparado é fundamental. Além de ter um fundo de emergência, procure manter-se informado sobre questões financeiras, faça um seguro adequado, mantenha registros atualizados de suas finanças e esteja atento a possíveis riscos e armadilhas financeiras. Quanto mais preparado você estiver, melhor equipado estará para enfrentar os desafios financeiros inesperados.

Lidar com imprevistos financeiros faz parte da jornada de qualquer pessoa. Ao construir um fundo de emergência, ter um plano de seguro adequado, abordar dívidas inesperadas de maneira estratégica e manter uma mentalidade positiva, você estará mais preparado para enfrentar esses desafios. Aprenda com as experiências passadas, ajuste seu plano financeiro conforme necessário e mantenha-se preparado para enfrentar imprevistos futuros.

CAPÍTULO 10: CONSTRUINDO UMA BASE FINANCEIRA SÓLIDA

Construir uma base financeira sólida é fundamental para garantir estabilidade e segurança em sua vida financeira. Neste capítulo, abordaremos os elementos essenciais para estabelecer uma base financeira sólida. Discutiremos a importância do planejamento de longo prazo, a gestão das dívidas, a construção de uma reserva de emergência e a proteção dos ativos.

1. Estabeleça Metas Financeiras de Longo Prazo:

Defina metas financeiras de longo prazo que se alinhem com seus valores e aspirações. Isso pode incluir a compra de uma casa, a educação dos filhos, a aposentadoria confortável ou a construção de um negócio. Estabelecer metas claras e realistas ajudará a direcionar suas ações e a tomar decisões financeiras mais conscientes.

2. Gerencie suas Dívidas de Forma Eficiente:

A dívida pode ser uma ferramenta útil, mas é importante gerenciá-la de forma responsável. Avalie suas dívidas existentes, identifique aquelas com taxas de juros mais altas e crie um plano para pagá-las. Considere estratégias de consolidação de dívidas ou negociação de taxas de juros mais favoráveis. Evite acumular dívidas desnecessárias e priorize o pagamento pontual para evitar juros e penalidades.

3. Construa uma Reserva de Emergência:

Uma reserva de emergência é fundamental para lidar com imprevistos financeiros e momentos de instabilidade. Reserve uma porcentagem de sua renda regularmente para construir uma reserva que cubra de três a seis meses de despesas essenciais. Isso fornecerá uma rede de segurança em caso de perda de emprego, despesas médicas inesperadas ou outros eventos imprevistos.

4. Proteja seus Ativos:

Certifique-se de proteger seus ativos financeiros e propriedades. Contrate seguros adequados, como seguro de vida, seguro de saúde, seguro residencial e seguro automóvel. Isso ajudará a mitigar riscos e garantir que você esteja financeiramente protegido em caso de perda, danos ou eventos imprevistos.

5. Faça um Planejamento de Aposentadoria:

Comece a planejar sua aposentadoria o mais cedo possível. Explore opções de investimento de longo prazo, como planos de aposentadoria patrocinados pelo empregador (se disponíveis), contas individuais de aposentadoria (IRA) ou planos de previdência complementar. Considere o apoio de um consultor financeiro para criar uma estratégia de investimento adequada ao seu perfil de risco e objetivos de aposentadoria.

6. Eduque-se Financeiramente:

Invista em sua educação financeira contínua. Leia livros, participe de cursos e workshops, acompanhe blogs e podcasts relacionados a finanças pessoais. Quanto mais você souber sobre gerenciamento financeiro, investimentos e estratégias de crescimento patrimonial, melhor preparado estará para tomar decisões informadas.

Construir uma base financeira sólida requer tempo, esforço e comprometimento, mas os benefícios a longo prazo são inestimáveis. Ao estabelecer metas financeiras de longo prazo, gerenciar suas dívidas, construir uma reserva de emergência, proteger seus ativos, planejar sua aposentadoria e investir em sua educação financeira, você estará no caminho certo para alcançar a estabilidade financeira e realizar seus sonhos.

CAPITULO 11: FUNDOS IMOBILIÁRIOS (FII'S)

Os Fundos Imobiliários (FIIs) brasileiros são investimentos coletivos, nos quais várias pessoas se juntam para investir em empreendimentos imobiliários. Esses empreendimentos podem ser prédios comerciais, shoppings, galpões logísticos, hospitais, entre outros.

Ao investir em um FII, você adquire cotas desse fundo, que representa uma fração do patrimônio total. Os recursos arrecadados são utilizados para comprar ou desenvolver imóveis, e os rendimentos gerados pelos aluguéis ou venda dos imóveis são distribuídos aos cotistas na forma de dividendos.

Os FIIs são negociados na bolsa de valores, permitindo que você compre ou venda suas cotas facilmente. Dessa forma, você pode investir no mercado imobiliário sem precisar adquirir um imóvel diretamente, diversificando seus investimentos e aproveitando os benefícios desse setor.

É importante ressaltar que, ao investir em FIIs, você se beneficia da valorização dos imóveis e dos rendimentos gerados por eles, além de contar com a expertise de gestores profissionais que administram o fundo. No entanto, é fundamental analisar cada fundo antes de investir, considerando fatores como localização dos imóveis, qualidade dos inquilinos e histórico de rentabilidade do fundo.

Os FIIs são uma opção interessante para investidores que desejam diversificar sua carteira, obter renda periódica e participar do mercado imobiliário de forma mais acessível. Vale ressaltar que, como em qualquer investimento, é recomendado buscar conhecimento e entender os riscos envolvidos antes de investir em Fundos Imobiliários.

CONSTRUINDO UMA BASE SÓLIDA

Imagem meramente ilustrativa

CAPITULO 12: FIAGROS

Os FIAgros são Fundos de Investimento em Participações (FIPs) que têm como foco investir no setor agrícola. Eles são voltados para o financiamento de empresas e projetos relacionados à agricultura, pecuária, agroindústria e demais atividades do agronegócio.

Esses fundos permitem que os investidores participem do crescimento e desenvolvimento do setor agrícola, contribuindo para o financiamento de empreendimentos e aproveitando as oportunidades de negócios nesse segmento.

Ao investir em um FIAgro, você adquire cotas do fundo, que serão direcionadas para empresas e projetos do agronegócio. O objetivo é impulsionar o crescimento dessas empresas, seja por meio de investimentos em infraestrutura, aquisição de equipamentos, expansão de áreas produtivas ou outros investimentos necessários para o desenvolvimento do negócio.

Os FIAgros podem oferecer potencial de retorno atraente, uma vez que o setor agrícola possui características como demanda estável, exportações aquecidas e crescente tecnologia aplicada nas atividades agrícolas. No entanto, é importante estar ciente de que, assim como qualquer investimento, há riscos envolvidos, como variações nos preços das commodities agrícolas, questões climáticas e desafios regulatórios.

É recomendado buscar informações detalhadas sobre o fundo, sua estratégia de investimento, equipe de gestão e histórico de desempenho antes de investir em FIAgro. Além disso, é sempre importante diversificar sua carteira de investimentos e estar atento às condições do mercado e às perspectivas do setor agrícola.

Os FIAgros oferecem aos investidores a oportunidade de participar do setor agrícola e do agronegócio, contribuindo para o desenvolvimento desse importante segmento da economia brasileira.

Ressalto que, como em qualquer investimento, é imprescindível buscar conhecimento e entender os riscos envolvidos antes de investir neste produto.

Imagem meramente ilustrativa

CAPITULO 13: MERCADO DE AÇÕES

Ações são unidades de propriedade em uma empresa. Quando você compra ações de uma empresa, você se torna um acionista e passa a ter direitos sobre parte do negócio.

O mercado de ações é o ambiente onde as ações são compradas e vendidas. Ele é conhecido como bolsa de valores, e no Brasil, a principal bolsa é a B3 (Bolsa, Brasil, Balcão).

Neste mercado, as empresas emitem ações para captar recursos financeiros, os investidores podem comprar essas ações, tornando-se proprietários de uma parcela do negócio. Os preços das ações variam de acordo com a oferta e demanda no mercado, podendo ser influenciados por fatores como desempenho da empresa, expectativas econômicas, notícias e eventos do setor.

Os investidores compram ações com o objetivo de obter lucro. Isso pode acontecer de duas maneiras: através da valorização, quando o preço sobe e o investidor pode vendê-las por um valor maior do que comprou, ou através do recebimento de dividendos, que são uma parte dos lucros distribuída aos acionistas.

É importante ressaltar que investir em ações envolve riscos, pois os preços podem variar significativamente no curto prazo. Por isso, é recomendado que os investidores estudem as empresas, analisem seus fundamentos e façam uma análise de risco antes de investir. Diversificar a carteira de investimentos também é uma estratégia importante para reduzir os riscos.

O mercado de ações oferece oportunidades para investidores que desejam participar do crescimento e sucesso das empresas. É uma forma de investimento que pode trazer bons retornos, mas também requer conhecimento, análise e acompanhamento constante do mercado.

Imagem meramente ilustrativa

www.ingramcontent.com/pod-product-compliance
Lightning Source LLC
Chambersburg PA
CBHW030039230526
45472CB00002B/579